# Taskeen – e – Rooh

*(Tranquility of soul)*

Aishah Amir

**BLUEROSE PUBLISHERS**
India | U.K.

Copyright © Aishah Amir 2024

All rights reserved by author. No part of this publication may be reproduced, stored in a retrieval system or transmitted in any form or by any means, electronic, mechanical, photocopying, recording or otherwise, without the prior permission of the author. Although every precaution has been taken to verify the accuracy of the information contained herein, the publisher assume no responsibility for any errors or omissions. No liability is assumed for damages that may result from the use of information contained within.

BlueRose Publishers takes no responsibility for any damages, losses, or liabilities that may arise from the use or misuse of the information, products, or services provided in this publication.

For permissions requests or inquiries regarding this publication, please contact:

BLUEROSE PUBLISHERS
www.BlueRoseONE.com
info@bluerosepublishers.com
+91 8882 898 898
+4407342408967

ISBN: 978-93-6261-574-9

Cover design: Daksh
Typesetting: Tanya Raj Upadhyay

First Edition: November 2024

*"Taskeen e Rooh" translates to "Solace of the Soul" in English. It signifies a deep sense of comfort and peace that nurtures the inner spirit. The phrase embodies the idea of finding tranquility and emotional relief, often through spiritual or introspective means. It suggests a journey toward inner harmony, where the soul finds rest from the turmoil of daily life. This concept is often associated with activities or practices that bring profound peace, such as meditation, prayer, or connecting with nature. Ultimately, "Taskeen e Rooh" represents the quest for inner serenity and the fulfillment of the soul's deepest needs.*

# Taskeen-e-Rooh

## *(Tranquility of soul)*

"Taskeen-e-Rooh, meaning "Tranquility of Soul," is about finding deep inner peace and harmony between who we are and the world around us. True peace is not just about being free from fear, hate, and violence; it's about accepting ourselves and our lives, even when things are tough.

In today's world, it can be hard to find peace as we deal with stress and pressure. But being imperfect is part of being human, and we should embrace who we are rather than trying to meet unrealistic standards set by society. Real peace comes from believing in our own worth and staying positive, even when others might judge us.

The struggles we face inside ourselves don't define us but can make us stronger. Others 'opinions don't control our future; we shape our lives through our actions and beliefs. Life is short, so we should live each moment fully, even when faced with setbacks. Our ability to rise above challenges shows our true strength.

The journey to finding peace of mind, despite doubts and misunderstandings, leads to the realization that our value is inherent and unchangeable. Our faith in ourselves and a higher power helps us remember our true worth. Books like the Holy Quran and the Gita offer valuable lessons on the soul's eternal quest for fulfillment.

Taskeen-e-Rooh shines a light on the path to reclaiming our true selves from societal pressures. It reminds us that losing ourselves to external expectations means losing our inner peace and essence.

# About the Author

Aishah Amir, born on May 11, 2005, is a 19-year-old writer from the Kashmir Valley. As one of the youngest Urdu writers in the region, she has inherited a natural talent for keen observation and expressive writing from her grandaunt, the late Mrs. Nusrat Andrabi, a respected former Principal of Government Women's College Srinagar and member of the J&K Waqf Board.

Driven by a deep curiosity and a desire to stand out, Aishah has spent nearly two years crafting Taskeen-e-Rooh (Tranquility of Soul). This collection reflects her unique perspective and dedication to capturing profound thoughts through her poetry. The book is a testament to her journey of exploring and articulating the intricacies of the human experience

# Preface

In the quiet and calming moments, there is a special place away from the noise of the world—a peaceful space where the soul finds rest and calm. This is where Taskeen-e-Rooh (Tranquility of Soul) begins, guiding you on a journey of self-discovery and spiritual insight.

This book is more than just a collection of poems; it's a source of deep truths and wisdom from ancient times and gentle heart whispers. Each page helps you reflect on life and understand yourself better.

As you read, may you find peace in simplicity and guidance in life's challenges. Let this book inspire you to fully embrace your life and uncover the inner peace and balance within you.

Approach this journey with curiosity and courage. The insights you'll gain are as deep as your own soul. Each chapter will lead you toward greater self-awareness and spiritual growth, helping you explore the deeper truths and find inner peace with an open heart.

# 1

مٹی سے بنے تھے، مٹی میں جا ملیں گے
زندگی کا یہ سفر، ایک دن خاک ہو جائے گا۔

ہر سانس ہے عارضی، ہر لمحہ ہے قرض کا،
آخر کار اس زمین میں، وجود فنا ہو جائے گا۔

اللہ کی ہے وحدت، پاکیزہ ہے وہ ذات،
ہم ہیں خطا کے پتلے، اور وہ ہے بے عیب صفات۔

زندگی بھر نہ سمجھے، اطاعت کا حق کیا تھا،
اب وقت آخر میں، کیا منہ دکھائیں گے خدا کو؟

دنیا کی چمک میں، حقیقت کو بھول گئے،
مگر آخرت کی حقیقت، ایک دن عیاں ہو جائے گی۔

مٹی کا بدن تھا، مٹی میں جا سونا ہے،
یہ دنیا فانی ہے، ہمیں تو خدا کے پاس جانا ہے۔

# 1

*Mitti se bane the, mitti mein ja milenge*
*Zindagi ka yeh safar, ek din khaak ho jaayega.*

*Har saans hai aarzi, har lamha hai qarz ka,*
*Aakhir kaar is zameen mein, wajood fana ho jaayega.*

*Allah ki hai wahdat, paakeeza hai woh zaat,*
*Hum hain khata ke patle, aur woh hai be-aib sifat.*

*Zindagi bhar na samjhe, itaat ka haq kya tha,*
*Ab waqt aakhir mein, kya munh dikhaayenge Khuda ko?*

*Duniya ki chamak mein, haqeeqat ko bhool gaye,*
*Magar aakhiraat ki haqeeqat, ek din ayaan ho jaayegi.*

*Mitti ka badan tha, mitti mein ja sona hai,*
*Yeh duniya fani hai, humein toh Khuda ke paas jaana hai.*

# 1

*From soil we were made, to soil we shall return,*
*This journey of life, one day, will turn to dust.*

*Every breath is fleeting, every moment is borrowed,*
*In the end, in this earth, our existence will fade.*

*Allah is One, pure is His essence,*
*We are creatures of error, and He is flawless in His attributes.*

*We failed to understand the true duty of obedience,*
*Now, at the final hour, what face will we show to God?*

*In the glitter of the world, we forgot the truth,*
*But the reality of the Hereafter will one day be revealed.*

*Our body was of soil, and to soil it must return,*
*This world is transient; to God we must go back.*

# 2

دنیا کو دکھا دکھا کر تھک گئے
نہ جانے کب خود ہی سے ہار گئے

آیا جو نہ کوئی، تو سوال رہ گئے
سوچ کر یہ ساری رات پریشان رہ گئے

کہ کوئی ایسا ہوتا، سوچ میں رہ گئے
ہمت نہ تھامی، زندہ مردہ بن رہ گئے

یاد آتی اچھائی کی تو لب خاموش رہ گئے
فرشتے تھے، ایک پل میں ظالم قرار ہو گئے

گلے گفتگو ایک فہرست بن رہ گئے
باتیں اور فریاد اپنی جگہ بن رہ گئے

# 2

# **Rooh-e farishta**

*Duniya ko dikha dikha kar Thak gayay*
*Na janay kab khud he sai haar gayay*

*Aaya jo na koyi , toh sawal reh gayay*
*Sonch kar ye sari raat pareshaan reh gayay*

*Ki koi aisa Hota , sonch mai reh gayay*
*Himmat nai thama,zinda murda ban reh gayay*

*Yaad aati achayi ki toh lab khamosh reh gayay*
*Farishtay thay eik pal mai zalim karaar ho gayay*

*Gillay guftagu eik fehrist ban reh gayay*
*Baatein aur fariyaad apni jaga ban reh gayay*

# 2

# Translation

*Showing the world tirelessly, we grew weary,*
*Unaware when we ourselves lost the battle, dreary.*

*If someone came, questions remained,*
*Lost in thought, troubled, the entire night remained.*

*Hoping for someone to stay, lost in contemplation,*
*No courage left, becoming lifeless, a painful sensation.*

*Thinking of goodness, words fell silent,*
*Angels turned oppressors in a moment, violent.*

*Conversations turned into a list of complaints,*
*Words and lamentations found their place, constraints.*

# 3

فکر کرنے والوں میں سب انیس نہیں ہوتے ہیں
فکر کرنے والوں میں تو دوست دشمن بنے ہوتے ہیں

سب کو میں اپنا مان بیٹھا ہوں
کیونکہ نقاب کے پیچھے کی ناخوشی کو بھلا بیٹھا ہوں

نہ کوئی کبھی سوچے ہم کیا سوچتے ہیں
سوچیں تو پھر سوال اٹھاتے ہیں کہ ایسا کیوں سوچتے ہیں

لگا تھا فکر کرنے والوں میں سب رفیق ہوتے ہیں
پھر پتہ چلا فکر کرنے والوں میں چند رقیب ہیں

# 3

*Fikar karnay walo mai sab hum nasheen nai hotay hai*
*Fikar karnay walo Mai toh dost dushman banay hote hai*

*Sab ko mai apna maan bhaithai hai*
*Kyunki Naqab ke peeche ki nakhushi ko bhula bhaitye thai*

*Na koi kabhi sonchay hum kya sonchtay hai*
*Sonchay toh phir sawal uthatay ki aisa kyu sonchte hai*

*Laga tha fikr karnay walo mai sab rafeeq hote hai*
*Phir pata chala fikr karnay walo mai chandh raqeeb hai*

# 3

# **Translation**

*Not everyone who shows concern is a true friend,*
*Among those who care, some turn into foes in the end.*

*I considered everyone my own,*
*Because I forgot the unhappiness behind their masks.*

*No one ever thinks about what we think,*
*And if they do, they question why we think this way.*

*I believed that everyone who cared was a friend,*
*But then I realized that among them, a few are rivals.*

# 4

گناہوں میں گرفتار کیا گیا ہوں
خدا کی بارگاہ سے جدا کیا گیا ہوں

بے دنیا ناپائیدار ہی سہی
پر الرحمان ہے سدا الرحیم ہی سہی

بے غفلت بن گئی ایک عام سی چیز
خوفزدہ وہی جسے پتہ ہو غفلت ہے کیا چیز

بے ناپائیدار چیزوں کی لت ہمیں
کیا یہ آئے گی آخرت میں کام ہمیں

یاد تھی وہ گناہوں کی فہرست ہمیں
پھر نہ جانے کیوں بھول گئی گناہوں کی وہ فہرست ہمیں

اے بشر! کر لے غفلت میں خود کو گرفتار
یہی غفلت نہ کر لے آخرت میں تجھ کو گرفتار

اس لیے... اتنی حیرت میں ستم زدہ ہے مجھ سا انسان
کہ حیرت کی بھی حیرت میں غم زدہ ہے مجھ سا انسان

# 4

*Ghunahu mai ghirftaar kia gaya hu*
*Khuda ki bariga se juda kia gaya hu*

*Hai duniya na payedaar he sahi*
*Par Ar-Rehman hai sada Ar-Raheem he sahi*

*Hai ghaflat ban gayi eik aam si cheez*
*Khoufzada wahi jise pata ho ghaflat hai kya cheez*

*Hai na payedar cheezo ki lat humay*
*Kya ye aayaygai aakhirat mai kaam humay*

*Yaad thi woh gunahu ki fehrist humay*
*Phir najanay kyu bhool gayi gunahu ki woh fehrist humay*

*Aye bashar! Kar le ghaflat mai khud ko ghiriftar*
*Yahi ghaflat na kar le aakhirat mai tuj ko ghiriftar*

*Issilye.. itni hairat mai sitamzada hai mujsa insaan*
*Ki hairat ki bhi hairat mai ghumzada hai mujsa insaan*

# 4

# Translation

*I have been caught in sins,*
*Separated from the presence of God.*

*Though the world is temporary,*
*Ar-Rahman is eternal, Ar-Raheem is merciful.*

*Negligence has become a common thing,*
*Only the fearful know what negligence truly is.*

*We are addicted to transient things,*
*Will they be of any use to us in the afterlife?*

*I remembered that list of sins,*
*Then why did I forget that list of sins?*

*O human! Indulge in negligence,*
*But beware, this negligence may seize you in the afterlife.*

*That's why... in such amazement, a tormented person like me exists,*
*That even in amazement, a sorrowful person like me is lost.*

# 5.

# ماں

جب کوئی بھی ساتھ نہ رہا
تو ہر دم وہی ساتھ رہی
ہر لمحہ پرچھائی بنے ساتھ رہی

جہاں جب خلافات داری کرے
ماں ہی صرف رہنمائی کرے
یوں کہو! اللہ کی رحمت رہنمائی کرے

ہر سانس میں جس کا نام
ہر خوشی اور غم میں جس کا نام
ہے یہ وہی ماں، ہے جس کا نام

یہ ضروری نہیں ہر ماں سمجھ پائے،
کچھ ماؤں کے لیے بس فرض ہوتا ہے اپنا نام۔

وہ ماں جو ہر پل ساتھ نبھائے،
قسمت والوں کو ملتا ہے ایسا پیار کا نام۔

# 5

# **Maa**

*Jab koi bhi saath na raha*
*Toh har dum wohi saath rahi*
*Har Lamha parchai banay saath rahi*

*Jahaan jab khilafat dari karay*
*Maa he sirf rehnumayi karay*
*Yu kaho! Allah ki rehmat rehnumayi karay*

*Har saans mai jiska naam*
*Har Khushi aur gham mai jiska naam*
*Hai ye wohi maa hai jiska naam*

*Yeh zaroori nahi har maa Aisi banpaye,*
*Kuch maaon ke liye bas farz hota hai apna naam.*

*Woh maa jo har pal saath nibhaye,*
*Kismat walon ko milta hai aisa pyaar ka naam.*

# 5

# **Mother**

*When no one else stood by me,*
*She was always there,*
*Every moment, like a shadow, she stayed by my side.*

*When the world opposed me,*
*It was only my mother who guided me,*
*One could say, it was Allah's mercy leading me through her.*

*With every breath, I invoke her name,*
*In every joy and sorrow, her name remains,*
*Yes, she is the one whose name is Mother.*

# kya hum hai sahi?

*Na ban sakhtay kabhi bhi hum sahi*
*Sahi lafz bhi fariyad karay bhala kon tha sahi*

*Naqab ke peechay kya raaz thay?*
*Bhala kon janay kon tha sahi !*

*Apnay haala mai goya thay hum bhi khush*
*Hasi aati thi par ab aayay bhi toh sahi*

*Doori ki rehnumai si thi ...*
*Na janay ye andhi aayi kyu sahi*

*Kis rha par chooth gayay*
*Kon janay ab kon tha sahi*

# 6

# کیا ہم ہیں صحیح؟

نہ بن سکتے کبھی بھی ہم صحیح
صحیح لفظ بھی فریاد کرے بھلا کون تھا صحیح؟

نقاب کے پیچھے کیا راز تھے؟
بھلا کون جانے کون تھا صحیح؟

اپنے حال میں گویا تھے ہم بھی خوش
ہنسی آتی تھی پر اب آنے بھی تو صحیح

...دوری کی رہنمائی سی تھی
نہ جانے یہ آندھی آئی کیوں صحیح؟

کس رہ پر چھوٹ گئے
کون جانے اب کون تھا صحیح؟

# 6

# Are we in the right?

*We can never truly be right,*
*Even the correct words cry out—who indeed was right?*

*What secrets lay hidden behind the veil?*
*Who could ever know who was truly right?*

*Immersed in our own worlds, we believed ourselves content,*
*Laughter came easily, but now, even that seems elusive.*

*A guiding force of separation prevailed...*
*Who knows why this storm has come?*

*On which path did we falter?*
*Who knows now who was truly right?*

# 7

# زندگی کی حقیقت.

زندگی کی حقیقت ہے، ایک آئینہ بے رنگ
ہر خوشی کے پیچھے، چھپی ہوتی ہے کچھ تنگ

خوابوں کی دنیا میں، جب حقیقت جاگتی ہے
آرزوؤں کی بستی، پھر ویران سی لگتی ہے

وقت کی موجوں میں، ہم بہتے چلے جاتے ہیں
ہر لمحہ گزرتا ہے، ہم کھوئے کھوئے رہ جاتے ہیں

خوشیوں کی تلاش میں، غم بھی ساتھ آتے ہیں
ہر مسکراہٹ کے پیچھے، آنسو چھپے جاتے ہیں

دھوپ چھاؤں کا سفر ہے، یہ زندگی کا میل
کبھی ہنسی کے پل ہیں، کبھی آنکھوں میں سیل

حقیقت کی راہوں میں، اکثر ملتے ہیں داغ
خوابوں کی تعبیر میں، سچ کا ہوتا ہے جھاگ

یہ زندگی کا کھیل ہے، ایک رنگین دھوکہ
ہم سب اداکار ہیں، حقیقت ایک افسانہ

پھر بھی جینا ہے ہمیں، اس حقیقت کے ساتھ
خواب اور حقیقت کا، ملے جہاں پر ساتھ

# 7

# **The Reality of Life**

*Life's reality is a colorless mirror,*
*Behind every joy, lies some hidden anguish.*

*In the world of dreams, when reality awakens,*
*The settlement of desires then seems deserted.*

*In the waves of time, we keep drifting,*
*Every moment passes, leaving us feeling lost.*

*In the search for happiness, sorrow accompanies,*
*Behind every smile, tears remain concealed.*

*Life is a journey of sunshine and shadows,*
*Sometimes there are moments of laughter, sometimes tears overflow.*

*On the paths of reality, we often find scars,*
*In the interpretation of dreams, truth often appears frothy.*

*This is the game of life, a colorful deception,*
*We are all actors, reality is but a tale.*

*Yet we must live, with this reality,*
*Where dreams and truth find their union.*

# 7

# **Meaning**

*Life's reality is like a colorless mirror,*
*Behind every joy, there lies some hidden anguish.*

*In the world of dreams, reality awakens,*
*Making the land of desires seem empty.*

*We drift along in the waves of time,*
*With each passing moment, we feel more lost.*

*In our quest for happiness, sorrow follows,*
*Every smile conceals hidden tears.*

*Life's journey is a mix of sunlight and shadows,*
*Moments of laughter are followed by tears.*

*On the paths of reality, we often find scars,*
*Dreams often reveal the truth's froth.*

*Life is a game, filled with colorful illusions,*
*We are actors, playing in a story where reality is elusive.*

*Yet, we must live with this truth,*
*Where dreams and reality intertwine*

# 8

*Lamho ka Kya hai guzar jayay gai*
*Halat ka kya ye bhi Badal jayay gai*

*Kabhi paya tha humnay bhi khudko arsh pai*
*Pata na thi yu hum bhi Badal jayay gai*

*Suna tha , zindagi char din ki hai!*
*Jo hai ye pal bus ab eik pal he hai*

*Na soncha tha hojayay gai is kadr hum*
*Sawaal karay jaha hum par , kon janay hum kya he hai!*

# 8

لمحوں کا کیا ہے گزر جائیں گے
حالات کا کیا یہ بھی بدل جائیں گے

کبھی پایا تھا ہم نے بھی خود کو عرش پر
پتہ نہ تھا یوں ہم بھی بدل جائیں گے

سنا تھا، زندگی چار دن کی ہے!
جو ہے یہ پل بس اب ایک پل ہی ہے

نہ سوچا تھا ہو جائیں گے اس قدر ہم
سوال کرے جہاں ہم پر، کون جانے ہم کیا ہیں

# 8

# **meaning**

*What are moments, they will pass*
*What are circumstances, they too will change*

*Once we found ourselves on the heights of the sky*
*Little did we know, we too would change*

*We heard, life is just four days!*
*This moment is all that exists now*

*Never thought we would become like this*
*The world questions us, who knows what we are!*

# 9

*Jo jab saath hai , sirf tab hai*
*Kon janay haqqeqat ,akhir bashar he toh hai*

*Qismat hai unki Jinnay Azmaishein hai*
*Ar Raheem ke Dar par sabir Kadir hai*

*Lakh sajday bhi kam uss Zaat par*
*Jo har zarre mein roshan hai*

*Dil ko sukoon, bas uski yaad mein hai,*
*Imaan ka noor, usi ke sajdon se roshan hai*

# 9

جو جب ساتھ ہے، صرف تب ہے
کون جانے حقیقت، آخر بشر ہی تو ہے۔

قسمت ہے اُن کی جنہیں آزمائشیں ہیں،
الرَّجیم کے در پر صبر ہی قادر ہے۔

لاکھ سجدے بھی کم اُس ذات پر،
جو ہر ذرے میں روشن ہے۔

دل کو سکون، بس اُس کی یاد میں ہے
ایمان کا نور، اُسی کے سجدوں سے روشن ہے۔

# 9

*When He is with you, only then do you truly exist,*
*Who can grasp the truth? After all, we are but mere mortals.*

*Fortunate are those who face trials,*
*At the door of Ar-Raheem, patience is the true power.*

*Even a thousand prostrations fall short for that Divine Essence,*
*Who is illuminated in every particle of existence.*

*The heart finds peace only in His remembrance,*
*The light of faith shines brightest through His prostrations.*

# 10

# Ghaflat

*Jo kia hai nai, uskay khata ka banay*
*Najanay har baar hum hi kyun zalim ban gaye.*

*Aati thi na hasi kisi bhi shay par humay*
*Ab wohi hasi apna pata poochay har shay par.*

*Thi jo na asli seerat samnay humay*
*Ki Allah ne parda utha diya jahan ke samnay.*

*Woh afkaar sare qadeem ban gaye*
*Na janay hum kab jadeed ban gaye.*

*The jo phool se khilay huay har pehar*
*Na janay kaisay reh gaye hain ab har waqt.*

*Sansain thi numb ki rooh tham gayi*
*Ki sansoon ke zariye rooh juda si ho gayi.*

# 10

جو کیا ہے نہیں، اُس کے خطا کار بنے
نہ جانے کیوں ہم ہی ہر بار، خطا کار بنے۔

آتی تھی نہ ہنسی، کسی بھی شے پر ہمیں
اب وہی ہنسی ڈھونڈتی ہے، ہر شے پر ہمیں۔

تھی جو نہ اصل، سیرت سامنے ہمیں
اللہ نے پردہ اُٹھا دیا، سیرت سامنے ہمیں۔

وہ افکار سارے، قدیم بن گئے
نہ جانے ہم کب، قدیم بن گئے۔

تھے جو پھول سے، کھلے ہوئے ہر پہر
نہ جانے کیسے ہم، کھلے ہوئے ہر پہر۔

سانسیں تھیں نم، کہ رُوح تھم گئی
کہ سانسوں کے ذریعے، رُوح تھم گئی

# 10

*What I hadn't done, I was blamed for,*
*Not knowing why, every time we became the oppressors.*

*I never used to laugh at anything at all,*
*Now that same laugh asks for its place in everything.*

*The true nature wasn't revealed to me,*
*Allah lifted the veil, and revealed the world before me.*

*Those old thoughts became obsolete,*
*Not knowing when we too became obsolete.*

*Once blooming like flowers in every moment,*
*Not knowing how now we wither away at all times.*

*Breaths were numb, and the soul had halted,*
*Through those breaths, the soul seemed to drift away.*

# 11

# **Haqeeqat**

*Rakhtay hain bekadri ka shauk dil mein,*
*Na janay kadr kaisi, jawab ka shauk dil mein.*

*Rakho na umeedi insaan se,*
*Kya pata, khud se bhi umeed na rahe*

*Waqt humesha thehrnay wala nahi,*
*Kash thehr jata, par ye haqiqat nahi.*

*Farishton ko farishtay nahi miltay,*
*Lazmi hai kya! Rafiq ko raqeeb miltay*

# 11

## حقیقتیں

رکھتے ہیں بے قدری کا شوق دل میں،
نہ جانے قدر کیسی، جواب کا شوق دل میں۔

رکھو ناامیدی انسان سے،
کیا پتا، خود سے بھی اُمید نہ رہے۔

وقت ہمیشہ ٹھہرنے والا نہیں،
کاش ٹھہر جاتا، پر یہ حقیقت نہیں۔

فرشتوں کو فرشتے نہیں ملتے،
لازمی ہے کیا! رفیق کو رقیب ملتے۔

# 11.

# **Realities**

*We harbor a fondness for disregard in our hearts,*
*Not knowing what value is, we seek answers in our hearts.*

*Keep your expectations low from people,*
*Who knows, you might even lose hope in yourself.*

*Time is never meant to stand still,*
*If only it could, but that's not reality.*

*Angels don't find other angels,*
*Is it necessary that a friend always becomes a rival?*

# 12.

# Aziyat

*Woh Aasoo he kya jo aankh se na bahay*
*Woh dard he kya jo dil mai na rahay*

*Dard ka ambaar rooh par Bhoj ke manind hai*
*Ki tabhi Khushi ka ambaar na honay ke manind hai*

*Ahwazari hoti hai anha ki anha se*
*Lab bhi rahay khamosh jahaa ke jahaa se*

*Har bahaar se umeed rakhta hu*
*Ki phir umeed ki bhi umeed se darkar hota hu*

*Umeed ki bhi Umeed par Umeed na Rakho*
*Ki aye insaan ! Barose par bhi barosa na rakho*

# 12

## ۔ازیت

وہ آنسو ہی کیا جو آنکھ سے نہ بہے
وہ درد ہی کیا جو دل میں نہ رہے

درد کا انبار روح پر بوجھ کے مانند ہے
کہ تبھی خوشی کا انبار نہ ہونے کے مانند ہے

آہ و زاری ہوتی ہے انہا کی انہا سے
لب بھی رہیں خاموش جہاں کے جہاں سے

ہر بہار سے امید رکھتا ہوں
کہ پھر امید کی بھی امید سے درکار ہوتا ہوں

امید کی بھی امید پر امید نہ رکھو
کہ اے انسان! بھروسے پر بھی بھروسہ نہ رکھو

# 12

*What kind of tears are those if they do not flow from the eyes?*
*What kind of pain is that if it does not dwell in the heart?*

*The burden of pain weighs heavy on the soul,*
*Just as the absence of joy feels like an unbearable void.*

*Lamentation arises from the innermost depths,*
*Even as the lips remain sealed, silent as ever.*

*I hold hope in every spring,*
*But then, I find myself longing for hope itself.*

*Do not place hope in hope alone,*
*For, O human! Do not even trust in trust itself.*

# 13

## حقیقت

کتابوں کے بوجھ تلے دبے، خوابوں کی روشنی کہاں؟
علم کے سمندر میں گم، دل کی تسکین کہاں؟

کتابیں بتاتی ہیں کہ کون ہو تم، کیا حاصل ہے؟
مگر یہ نہ بتاتیں، زندگی کا اصل مقصد کیا ہے؟

تمھاری شخصیت، تمھاری پہچان ہے، اصل خزانہ
کتابوں کے حرف نہیں، تمھارا عزم، تمھارا فسانہ

تعلیم کے بوجھ میں کھو گیا، بچپن کا معصوم پل
مگر یاد رکھو، کامیابی ہے تمھارا خواب، تمھارا عمل

کتابیں اہم ہیں، مگر سب کچھ نہیں
شخصیت کا نور، کامیابی کی حقیقی نشانی ہے یہی

# Reality

*Crushed beneath the weight of books, where do dreams find their light?*
*s true'Lost in the ocean of knowledge, where is the heart delight?*

*ve achieved,'Books tell you who you are, and what you*
*t reveal the true purpose of life, yet to be'But they don perceived.*

*Your personality is your true identity, the real treasure,*
*Not the letters in books, but your resolve, your own measure.*

*s innocence fades'In the burden of education, childhood away,*
*But remember, success is your dream, your actions will display.*

*t everything,'Books are important, but they aren*
*The light of character is the true sign of winning.*

# Haqeeqat

*Kitabon ke bojh tale dabe, khwabon ki roshni kahan?*
*Ilm ke samandar mein gum, dil ki taskeen kahan?*

*Kitabein batati hain ke kaun ho tum, kya hasil hai?*
*Magar yeh na batati, zindagi ka asal maqsad kya hai?*

*Tumhari shakhsiyat, tumhari pehchaan hai, asal khazana*
*Kitabon ke harf nahi, tumhara azm, tumhara fasana*

*Taleem ke bojh mein kho gaya, bachpan ka masoom pal*
*Magar yaad rakho, kaamyabi hai tumhara khwab,*
*tumhara amal*

*Kitabein ahem hain, magar sab kuch nahi*
*Shakhsiyat ka noor, kaamyabi ki haqeeqi nishani hai yahi*

# 14

*Hum jo karte, kabhi mushkil na thi*
*Ab yeh bhi hai, magar wajah nahi.*

*Jo parwa karte, bas parwa hi karte*
*Bahane apne, kabhi hum nahi karte.*

*Lab hain khamosh, rooh fariyaad mein ghiri*
*Fariyaad ki fariyaad, kis se karoon bari?*

*Neki karo, sirf ajar ke liye*
*Gunaah ke liye neki, na karo fikr mein.*

*Kisi ko naqabill kabhi na kaho*
*Kya pata, woh phir kuch na kah sake.*

*Taqdeer ka likha, koi mita nahi sakta*
*Agar mita sakta, toh yeh haal na hota.*

# 14

ہم جو کرتے، کبھی مشکل نہ تھی
اب یہ بھی ہے، مگر وجہ نہیں۔

جو پروا کرتے، بس پروا ہی کرتے
بہانے اپنے، کبھی ہم نہیں کرتے۔

لب ہیں خاموش، روح فریاد میں گھری
فریاد کی فریاد، کس سے کروں بھری؟

نیکی کرو، صرف اجر کے لیے
گناہ کے لیے نیکی، نہ کرو فکر میں۔

کسی کو ناقابل کبھی نہ کہو
کیا پتہ، وہ پھر کچھ نہ کہہ سکے۔

تقدیر کا لکھا، کوئی مٹا نہیں سکتا
اگر مٹا سکتا، تو یہ حال نہ ہوتا۔

# 14

*What we did was never difficult,*
*Now it's a challenge, but there's no clear reason.*

*Those who care, they only care,*
*We never make excuses for ourselves.*

*The lips are silent, the soul is full of pleas,*
*But to whom can I express the plea of my plea?*

*Do good deeds only for the reward,*
*Don't trade good deeds with sin in mind.*

*Never call someone unworthy,*
*Who knows, they may never find the words to speak again.*

*No one can erase what fate has written,*
*If they could, this situation would not exist.*

# 15

*Har kisi ke paas dil-o-dimaag hota hai*
*Magar har koi shayar kahaan hota hai.*

*Bahane apne haq mein kab bane hain?*
*Be-shak, hum apne haq mein kab ladte hain?*

*Apni soorat se mehfil sajaa dete hain,*
*Aur apni aamad se mehfil khilaa dete hain.*

*Jo cheez kabhi itminaan deti hai,*
*Kabhi ussi ke baghair hum behtar hotay hain.*

*Sab ke paas khayalaat ka jahan hota hai,*
*Magar har khayal unka asar nahi laata hai.*

*Dil se jo baat nikalti hai, asar karti hai,*
*Magar har baat mein woh taqat kahaan hoti hai?*

# 15

ہر کسی کے پاس دل و دماغ ہوتا ہے
مگر ہر کوئی شاعر کہاں ہوتا ہے۔

بہانے اپنے حق میں کب بنے ہیں؟
بے شک، اپنے حق میں ہم کب لڑتے ہیں؟

اپنی صورت سے محفل سجا دیتے ہیں،
اور اپنی آمد سے محفل چمکا دیتے ہیں۔

جو چیز کبھی اطمینان دیتی ہے،
کبھی اسی کے بغیر ہم بہتر ہوتے ہیں۔

سب کے پاس خیالات کا جہاں ہوتا ہے،
مگر ہر خیال اثر نہیں چھوڑتا ہے۔

دل سے جو بات نکلتی ہے، اثر کرتی ہے،
مگر ہر بات میں وہ تاثیر کہاں ہوتی ہے؟

# 15

# **Meaning**

*Everyone has a heart and mind,*
*But not everyone is a poet.*

*Excuses for one's own rights are rare,*
*Indeed, we seldom fight for our own rights.*

*We adorn gatherings with our appearance,*
*And brighten them with our presence.*

*What once gave satisfaction,*
*Sometimes, we are better off without it.*

*Everyone has a realm of thoughts,*
*But not every thought has an impact.*

*What comes from the heart has an effect,*
*Yet not every utterance carries such power.*

# 16

*Jo rooh ko halka kare, us fariyaad ki justuju hai,*
*Magar fariyaad ki bhi fariyaad jab fariyaad kare, toh kaisi arzoo hai?*

*Tune tere wajood se mujhe sawar diya,*
*Be-wajood tha, tune mujhe wajood se mila diya.*

*Ye taqdeer bhi ajeeb sheh hai,*
*Jahan jaana nahi hota, wahan chhod chali jaati hai.*

*Rooh is qadar tabah ho rahi hai,*
*Ke taqdeer bhi tabah aazmai kar rahi hai.*

*Andheri raahon par hum chal rahe the,*
*Phir bhi jugnoo ki manind chamak rahe the.*

*Itni haqeeqaton se waqif ho chuka hoon,*
*Ke ab haqeeqat ki bhi haqeeqat se mehroom hoon.*

# 16

جو روح کو ہلکا کرے، اُس فریاد کی جستجو ہے
مگر فریاد کی بھی فریاد جب فریاد کرے، تو کیسی آرزو ہے؟

تُو نے تیرے وجود سے مجھے سنوار دیا
بے وجود تھا، تُو نے مجھے وجود سے ملا دیا۔

یہ تقدیر بھی عجیب شے ہے
جہاں جانا نہیں ہوتا، وہاں چھوڑ چلی جاتی ہے۔

روح اس قدر تباہ ہو رہی ہے
کہ تقدیر بھی تباہ آزمائی کر رہی ہے۔

اندھیری راہوں پر ہم چل رہے تھے
پھر بھی جگنو کی مانند چمک رہے تھے۔

اتنی حقیقتوں سے واقف ہو چکا ہوں
کہ اب حقیقت کی بھی حقیقت سے محروم ہوں۔

# 16

# Meaning

*I search for a cry that eases the soul,*
*But when even a cry itself cries out, what hope is left?*

*You shaped me with your presence,*
*I was nothing, and you gave me meaning.*

*Fate is such a strange thing,*
*It takes us where we never planned to go.*

*The soul is being worn down so much,*
*That even fate seems to be testing it harshly.*

*We walked through the darkest paths,*
*Yet, like fireflies, we kept shining.*

*I know so many truths now,*
*That I feel lost even in understanding truth itself.*

# 17

*Jahan andhera ho, wahan koi nahi hota,*
*Apnay toh kya, parchayi bhi saath nahi hoti.*

*Jhooth kar bhi, jhootha na bana,*
*Mita kar bhi, wajood mita na saka.*

*Rooh wahi jaa milti hai,*
*Jahan taqdeer har dafa nahi milti.*

*Mat rakh bharosa kisi par,*
*Kya bharose ko bhi hai bharosa khud par?*

*Mazaaq karne walon ko yaad rahe,*
*Kabhi hum mein bhi khuddari thi-*

*Har saans hai fariyaad, har lamha ik intezaar,*
*Phir bhi khamoshi mein chhupi hai, ek aur haqiqat ki*
*pukaar-*

*Taqdeer ke saaye mein chalte, ab raaste kho gaye,*
*Jo sach tha kabhi, ab uss sach se bhi door ho gaye-*

# 17

جہاں اندھیرا ہو، وہاں کوئی نہیں ہوتا،
اپنے تو کیا، پرچھائی بھی ساتھ نہیں ہوتی۔

جھوٹ کہہ کر بھی، جھوٹا نہ بنا،
مٹا کر بھی، وجود مٹا نہ سکا۔

روح وہیں جا ملتی ہے،
جہاں تقدیر ہر دفعہ نہیں ملتی۔

مت رکھ بھروسہ کسی پر،
کیا بھروسے کو بھی ہے بھروسہ خود پر؟

مزاق کرنے والوں کو یاد رہے،
کہ کبھی ہم میں بھی خودداری تھی۔

ہر سانس ہے فریاد، ہر لمحہ ایک انتظار،
پھر بھی خاموشی میں چھپی ہے، ایک اور حقیقت کی پکار۔

تقدیر کے سائے میں چلتے، اب راستے کھو گئے،
جو سچ تھا کبھی، اب اُس سچ سے بھی دور ہو گئے۔

# 17

# Meaning

*Where there is darkness, no one is present,*
*Not even a shadow accompanies you, let alone your own.*

*Even after lying, you remain untruthful,*
*Even after erasing, you cannot eliminate your existence.*

*The soul meets only in places*
*Where fate is not always found.*

*Do not place trust in anyone,*
*Does even trust have faith in itself?*

*Those who mock should remember*
*That we too once had self-respect.*

*Every breath is a plea, every moment a wait,*
*Yet, hidden in silence is another call of reality.*

*Walking in the shadows of fate, now the paths are lost,*
*What was once true is now even further from that truth.*

# 18

*Tha ek zamana ki pair thay zameen par,*
*Na jaane aaya kab hum khud aasmanon par.*

*Hum se behtar kon, kya jaane ki kya hai duniya,*
*Ek la hay mai khatam ho, yahi hai duniya.*

*Zameen ki rahon pe humne dhoondha khuda,*
*Aur khuda bhi mil gaya, magar bas hawaon mein.*

*Har rang, har roshni, ek jhooti raahat hai,*
*Yeh raahat bhi pal bhar ki hai, baqi sirf khushboo hai.*

*Jab bhi humne socha, zindagi ka maqsad hai kya,*
*Pata chala, sab kuch ek risaala hai, aur hum uske behrhaal*
*hain.*

*Duniya ke rangin manzar sab kuch dhundla hai,*
*Jo sach hai, uska rang sirf dil ko nazar aata hai.*

*Humne jo dhoondha, har raah pe wo tha saath,*
*Kya hai yeh safar, bas ek khud se milne ki baat.*

*Aakhirat ki raahon pe nayi raushni milti hai,*
*Jahan har raaz ka sach, bas ek aahista si baat hai.*

# 18

تھا ایک زمانہ کہ پیر تھے زمین پر،
نہ جانے آیا کب ہم خود آسمانوں پر۔

ہم سے بہتر کون، کیا جانے کہ کیا ہے دنیا،
ایک لمحے میں ختم ہو، یہی ہے دنیا۔

زمین کی راہوں پہ ہم نے ڈھونڈھا خدا،
اور خدا بھی مل گیا، مگر بس ہواؤں میں۔

ہر رنگ، ہر روشنی، ایک جھوٹی راحت ہے،
یہ راحت بھی پل بھر کی ہے، باقی صرف خوشبو ہے۔

جب بھی ہم نے سوچا، زندگی کا مقصد ہے کیا،
پتا چلا، سب کچھ ایک رسالہ ہے، اور ہم اُس کے بے حال ہیں۔

دنیا کے رنگین منظر سب کچھ دھندلا ہے،
جو سچ ہے، اُس کا رنگ صرف دل کو نظر آتا ہے۔

ہم نے جو ڈھونڈھا، ہر راہ پہ وہ تھا ساتھ،
کیا ہے یہ سفر، بس ایک خود سے ملنے کی بات۔

آخرت کی راہوں پہ نئی روشنی ملتی ہے،
جہاں ہر راز کا سچ، بس ایک آہستہ سی بات ہے

# 18

# Meaning

*We were once like old travelers on this earth,
Not knowing when we would reach the heavens ourselves.*

*Who can understand this world better than us?
Everything ends quickly, that's how the world is.*

*On earth, we searched for God,
And even when we found God, it was only in the breeze.*

*Every color and light is just a temporary comfort,
This comfort lasts only a moment, and the rest is just a fragrance.*

*Whenever we wondered about life's purpose,
We found out that everything is like a message, and we are lost in it.*

*The world's colorful scenes are all blurry,
The truth can only be seen with the heart.*

*What we were looking for was with us all along,
This journey is really about finding ourselves.*

*In the afterlife, we find a new light,
Where every secret's truth is just a gentle whisper.*

# 19

اُلجھن میں نہیں تھے پر اُلجھا دیے گئے،
فولاد تھے نہیں پر فولاد بنا دیے گئے۔

ہر یاد فریاد بن کر رہ گئی،
اب فریاد بھی یاد بن کر رہ گئی۔

جہاں شریک تھے نہیں، وہاں شرکت کروا دی گئی،
جو چہرے تھے نہ دیکھے، وہ تصویر بنا دی گئی۔

سلسلے تو پیغام کے رہ گئے،
لیکن پیغام بھی پہچان کے رہ گئے۔

راستے میں نشانات سے خالی،
اب نشانات بھی نشانی بن گئے۔

دل کے داغ تو مٹانے کی کوشش کی،
مگر داغ بھی تاریخ بن گئے۔

جس منزل کو نہ پانے کی حسرت تھی،
اب وہ حسرت بھی یادگار بن گئی۔

زندگی کی راہوں پہ چلے، جو سب کچھ ہم نے پایا،
اب وہ سب کچھ کہانی بن کر رہ گیا۔

# 19

*Uljhan mein nahi the par uljha diye gaye,*
*Folaad the nahi par folaad bana diye gaye.*

*Har yaad faryaad ban kar reh gayi,*
*Ab faryaad bhi yaad ban kar reh gayi.*

*Jahan shareek the nahi, wahan shirkat karwa di gayi,*
*Jo chehre the na dekhe, woh tasveer bana di gayi.*

*Silsile to paigham ke reh gaye,*
*Lekin paigham bhi pehchaan ke reh gaye.*

*Raaste mein nishaanat se khaali,*
*Ab nishaanat bhi nishani ban gaye.*

*Dil ke daag to mitaane ki koshish ki,*
*Magar daag bhi tareekh ban gaye.*

*Jis manzil ko na paane ki hasrat thi,*
*Ab woh hasrat bhi yaadgar ban gayi.*

*Zindagi ki raahon pe chale, jo sab kuch humne paaya,*
*Ab woh sab kuch kahani ban kar reh gaya.*

# 19

*We were not entangled, but we were made entangled,*
*We were not steel, but we were made steel.*

*Every memory turned into a lament,*
*Now even the lament has become a memory.*

*Where we were not participants, participation was enforced,*
*Faces we never saw, were turned into images.*

*Connections remained as messages,*
*But the messages also remained as identifications.*

*The paths were empty of signs,*
*Now even the signs have become symbols.*

*Efforts were made to erase the scars on the heart,*
*But the scars also became historical.*

*The longing for the destination we never reached,*
*Has now also become a memorable relic.*

*On the paths of life, everything we gained,*
*Now everything has turned into a story.*

# 20

دل میں درد، آنکھوں میں نمی تھی،
اے خدا، مجھ میں تیری کمی تھی۔

کبھی اس قدر فولاد نہ بنے،
نرم دل سے پتھر دل نہ جانے کب بنے۔

جہاں کو بھول کر خود کو تراشو،
ان ہیروں میں کوہِ نور کو تراشو۔

خود کو جلا کر جلتے رہے،
پھر بھی درد کی آگ میں سلگتے رہے۔

وقت کی دھوپ میں زخم کھائے،
خود کو سنبھال کر ہم نے صبر کے پھول کھلائے۔

نرمی دل کی کھوئی ہوئی زبان تھی،
فولاد کی عادت کو ہم نے کہاں پایا؟

پھولوں میں کھلتی رہی زندگی کی مہک،
پر دل کی ویرانی میں کھو گئی محبت کی جَھک۔

راہِ وفا میں جو سچی بات چھپی تھی،
وہ بھی کبھی حقیقت بن نہ سکی، بس خواب رہی۔

# 20

*Dil mein dard, aankhon mein nami thi,*
*Ae Khuda, mujh mein teri kami thi.*

*Kabhi is kadar foolad na bane,*
*Narm dil se patthar dil na jaane kab bane.*

*Jahan ko bhool kar khud ko tarasho,*
*In heero mein Kohinoor ko tarasho.*

*Khud ko jala kar jalte rahe,*
*Phir bhi dard ki aag mein sulagte rahe.*

*Waqt ki dhoop mein zakhm khaye,*
*Khud ko sambhal kar humne sabr ke phool khilaye.*

*Narmi dil ki khoi hui zubaan thi,*
*Foolad ki aadat ko humne kahaan paaya?*

*Phoolon mein khilti rahi zindagi ki mehek,*
*Par dil ki veerani mein kho gayi mohabbat ki jhak.*

*Raah-e-wafa mein jo sachhi baat chhupi thi,*
*Woh bhi kabhi haqeeqat ban na saki, bas khwab rahi.*

## 20

*Dil mein dard, aankhon mein nami thi,*
*Ae Allah, mujh mein teri kami thi.*

*Kabhi is kadar foolad na bane,*
*Narm dil se patthar dil na jaane kab bane.*

*Jahan ko bhool kar khud ko tarasho,*
*In heero mein Kohinoor ko tarasho.*

*Khud ko jala kar jalte rahe,*
*Phir bhi dard ki aag mein sulagte rahe.*

*Waqt ki dhoop mein zakhm khaye,*
*Khud ko sambhal kar humne sabr ke phool khilaye.*

*Narmi dil ki khoi hui zubaan thi,*
*Foolad ki aadat ko humne kahaan paaya?*

*Phoolon mein khilti rahi zindagi ki mehek,*
*Par dil ki veerani mein kho gayi mohabbat ki jhak.*

*Raah-e-wafa mein jo sachhi baat chhupi thi,*
*Woh bhi kabhi haqeeqat ban na saki, bas khwab rahi.*

# 21

تیرے لیے ہم زرد ہیں، صحیح،
اس دلِ فریاد کے لیے تیری ایک تجلی ہے، جہاں کے برابر ہے۔

تھے وہ کبھی ہمارے رفیق،
نہ جانے کب ہوئے ہمارے رقیب۔

تھے ہم بھی رحم دل کسی زمانے میں،
وقت نے ہمیں بھی بدلا، نہ جانے کس زمانے میں۔

خطاکار نہیں تھے، مگر ٹھہرائے گئے،
اہلِ تعریف تھے، بدتر ٹھہرائے گئے۔

ہم ہی اگرچہ برے قرار کیے گئے،
انھیں کیا پتہ کس روحِ فرشتے سے سوال کیے گئے۔

# 21

*Tere liye hum zard hain, sahi,*
*Iss dil-e-faryad ki tajalli bhi tere barabar hai.*

*The woh kabhi humare raafiq,*
*Na jaane kab huye humare raqeeb.*

*The hum bhi reham dil kisi zamane mein,*
*Waqt ne hume bhi badal diya, na jaane kis zamane mein.*

*Khatakaar nahi the, par thehraye gaye,*
*Ahl-e-tareef the, battar thehraye gaye.*

*Hum hi agarche bure karar kiye gaye,*
*Unhe kya pata kis rooh-e-farishtay se sawaal kiye gaye.*

# 21

*For you, we may seem faded,*
*Even this heart's sorrow reflects your light.*

*They were once our friends,*
*We don't know when they became our foes.*

*We were also kind at some point,*
*But time changed us, we don't know when.*

*We weren't sinners, but were treated as such,*
*We were deserving of praise, but were seen as worse.*

*Even though we were judged harshly,*
*They don't know what questions were asked of us by some angelic being.*

## 22

ہوتے نہ آج اس قدر کبھی،
اگر بنائے نہ ہوتے اس قدر کبھی؟

سمجھائے نہ گئے انسانوں سے ہم کبھی،
کیا یہ احساس سمجھائے وہ بے احساس اس قدر کبھی؟

رقیبوں کی حقیقت سے محروم تھے کبھی،
حقیقت کیسے رہی حقیقت سے انجان اس قدر کبھی؟

یہ دنیا بے شک ناپائیدار صحیح،
پر افراد ناپائیدار ہوتے کیا اس قدر کبھی؟

تھے جہاں میں ناخوش کبھی،
کیا پتا تھا کہ حشر محشر ہوں گے بھلا اس قدر کبھی؟

سب کی افکار و فکر کی تھی ہم نے بھی کبھی،
کیا ہماری قدر ہوگی اس قدر کبھی؟

# 22

*Hote na aaj is kadar kabhi,*
*Agar banaye na hote is kadar kabhi?*

*Samjhaaye na gaye insaano se hum kabhi,*
*Kya ye ehsaas samjhaaye woh be ehsaas is kadar kabhi?*

*Raqeebo ke haqeeqat se mehroom the kabhi,*
*Haqeeqat kaise rahi haqeeqat se anjaan is kadar kabhi?*

*Ye duniya be shak na paayedaas hai,*
*Par log na paayedaas hote kya is kadar kabhi?*

*The jahan mein nakhush kabhi,*
*Kya pata tha ki hashr-e-mahshar honge bhala is kadar kabhi?*

*Sab ki afkaar-o-fikr ki thi humne bhi kabhi,*
*Kya humari qadr hogi is kadar kabhi?*

## 22

*We never thought we would be this way today,*
*If we hadn't become this way, would we have ever been this way?*

*We were never understood by people,*
*Could the feeling be understood by those who don't have feelings?*

*We were once unaware of the truth of our enemies,*
*How could the truth be unknown to us about reality?*

*This world is surely temporary,*
*But do people become so unreliable?*

*We were never unhappy in this world,*
*Who knew we'd end up in such a state on the Day of Judgment?*

*We too had our own thoughts and concerns,*
*Will our worth ever be recognized like this?*

# 23

*Sawalon ki fehrist ban chuki hai,*
*Jawab kyun labon pe chhupi hai.*

*Aati nadani ki yaad mujhe,*
*Yaad aati hai anjaam ki bhi yaad mujhe.*

*Masoom jaan kar istimaal huye,*
*Jahan waqif bhi mehroom hai, waqt kisay badal deta hai.*

*Hum kahin be saakhtaa ho gaye hain,*
*Baaki to ab tak bazi maar chuke hain.*

*Ab nahi to kab qadr ki jayegi,*
*Kya pata kal ko guftagu bhi na ki jayegi.*

## 23

سوالوں کی فہرست بن چکی ہے،
جواب کیوں لبوں پہ چھپی ہے؟

آتی نادانی کی یاد مجھے،
یاد آتی ہے انجام کی بھی یاد مجھے۔

معصوم جان کر استعمال ہوئے،
جہاں واقف بھی محروم ہے، وقت کس کو بدل دیتا ہے۔

ہم کہیں بے ساختہ ہو گئے ہیں،
باقی تو اب تک بازی مار چکے ہیں۔

اب نہیں تو کب قدر کی جائے گی،
کیا پتھر کل کو گفتگو بھی نہ کی جائے گی۔

# 23

# Meaning

*A list of questions has been made,*
*Why are the answers hidden on our lips?*

*I remember my past mistakes,*
*I also remember the outcomes of those mistakes.*

*We were used thinking we were innocent,*
*Even those who know are unaware of how time changes everything.*

*We have become so disconnected,*
*While others have already moved on.*

*If not now, when will our worth be recognized?*
*Who knows, maybe even tomorrow our discussions won't happen*

# 24

جگہ بدلی نہیں، بدلی گئی ہے,
ہم بھی بدلے نہیں، بدلے گئے ہیں۔

مدتیں گزر گئیں، مگر زخم نہ بھر پائے،
کون اب کہے کہ وقت ہر چیز کی دوا ہے!

وقت ہر چیز کو بدلتا ہے،
ہمیں کیسے نہیں بدل سکتا ہے؟

خودداری لفظ ذہن میں نہ تھا کبھی،
اب ایک پل میں خوددار قرار کر دیے گئے ہیں۔

خوابوں کی حقیقت بھی اب بھول چکے ہیں,
سحر کی روشنی میں بھی ہم محض خاموشی پائے ہیں۔

ہم جو جینا چاہتے تھے، وہ لمحے نہ ملے,
یادوں کی دھند میں، حقیقت بھی غائب رہی۔

# 24

*Jagah badli nahi, badli gayi hai,*
*Hum bhi badle nahi, badle gaye hain.*

*Muddatein guzar gayi, par zakhm na bhar paye,*
*Kaun ab kahe, ke waqt har cheez ki dawa hai!*

*Waqt har cheez ko tabdeel karta hai,*
*Humein kaise nahi badal sakta hai?*

*Khuddari lafz zehan mein na tha kabhi,*
*Ab ek pal mein khuddar qaraar kar diye gaye hain.*

*Khwabon ki haqeeqat bhi ab bhool chuke hain,*
*Seher ki roshni mein bhi hum sirf khamoshi paaye hain.*

*Hum jo jeena chahte the, woh lamhe na mile,*
*Yaadon ki dhundh mein, haqeeqat bhi ghaib rahi.*

# 24

# Meaning

*The place hasn't changed, it has just been changed,*
*And we haven't changed ourselves, we have been changed.*

*Time has passed, but our wounds haven't healed,*
*Who can now say that time heals everything?*

*Time changes everything,*
*So why can't it change us?*

*We never had the concept of self-respect before,*
*Now, in just a moment, we have been made self-respecting.*

*We've forgotten the reality of our dreams,*
*Even in the light of dawn, all we find is silence.*

*The moments we wanted to live never came,*
*In the fog of memories, even reality seems to be missing.*

# 25

*Akele ho gaya parinde ki tarah,*
*Arsh se farsh tak hai ye safar mera.*

*Khwab ke manind hai ye jahaan,*
*Kab achha kab badtar ban jaye, hai ye waisa jahaan.*

*Zakhm jahaan se be-hisaab miltay rahe,*
*Na jaane in zakhmon ki dawa kab mile.*

*Chot jab gehri ho, malham bhi beasar ho jaye,*
*Kya pata ek sacha sajda sab duur kar jaye.*

*Yeh safar hai tanhaai ka, rah-e-khwaab se haqiqat tak,*
*Jahan dil se dil mila, wahan hi hai asal rahat.*

*Fana ho jaye har dard, har gham is sajde mein,*
*Raaz hai ismein, sirf usi se hai jeet naseeb mein.*

# 25

اکیلا ہو گیا پرندے کی طرح،
عرش سے فرش تک ہے یہ سفر میرا۔

خواب کے مانند ہے یہ جہاں،
کب اچھا کب بدتر بن جائے، ہے یہ ویسا جہاں۔

زخم جہاں سے بے حساب ملتے رہے،
نہ جانے ان زخموں کی دوا کب ملے۔

چوٹ جب گہری ہو، مرہم بھی بے اثر ہو جائے،
کیا پتہ ایک سچا سجدہ سب دور کر جائے۔

یہ سفر ہے تنہائی کا، راہِ خواب سے حقیقت تک،
جہاں دل سے دل ملا، وہیں ہے اصل راحت۔

فنا ہو جائے ہر درد، ہر غم اس سجدے میں،
راز ہے اِسمیں، صرف اُسی سے ہے جیت اور نصیب میں۔

## 25

# Meaning

*Alone like a bird,*
*From the sky to the ground, this is my journey.*

*This world is like a dream,*
*Sometimes it's good, sometimes it turns worse, such is this world.*

*Countless wounds were given by this world,*
*Who knows when I'll find the cure for these wounds.*

*When the wound is deep, even medicine loses its effect,*
*But perhaps a sincere prostration can heal everything.*

*This journey is of solitude, from the path of dreams to reality,*
*Where hearts connect, that's where true peace lies.*

*May every pain, every sorrow fade away in this prostration,*
*There's a secret in it, only through it can one truly succeed and find their destiny.*

# 26

*Kabhi rafeeq hi raqeeb banay*
*Kyun aisi qadr ke naseeb banay*

*Sawal na tha kabhi kisi shay par*
*Phir khud sawal kyun habeeb banay*

*Amaal jannat o jahannum ke saath*
*Kya ho sabab jo sabab banay*

*Zamane se yun khata hui*
*Ke khud zamana ye raqeeb banay*

*Ashkhaas mein khaas thay kabhi*
*Khaas kab ashkhaas ke naseeb banay*

*Humein bhi kabhi tha visaal naseeb*
*Kyun woh kayfiyat ab ajeeb banay*

# 26

کبھی رفیق ہی رقیب بنے
کیوں ایسی قدر کے نصیب بنے

سوال نہ تھا کبھی کسی شے پر
پھر خود سوال کیوں حبیب بنے

اعمال جنت و جہنم کے ساتھ
کیا ہو سبب جو سبب بنے

زمانے سے یوں خطا ہوئی
کہ خود زمانہ یہ رقیب بنے

اشخاص میں خاص تھے کبھی
خاص کب اشخاص کے نصیب بنے

ہمیں بھی کبھی تھا وصال نصیب
کیوں وہ کیفیت اب عجیب بنے

# 26

# Meaning

*When close friends turn into rivals,*
*Why must such a fate be written?*

*There were no questions about anything,*
*So why did questions arise by themselves?*

*Actions of heaven and hell exist together,*
*What could be the reason that makes them so?*

*The times made such mistakes,*
*That the times themselves became the rival.*

*They were once special among the people,*
*When did the special become just ordinary?*

*We once had the joy of union,*
*Why has that feeling now turned strange?*

# 27

*Hum par sawaal karne walay hain kayi*
*Kya jaanain woh, hum hain kya cheez*

*Maharat toh hasil ki maahiron ne*
*Roohani chamak ki baat hi alag hai*

*Agar hum likhte hain, toh gham nahi*
*Phir kyun likhne wale lagte hain udaas*

*Sunein kaun yeh aah-o-zaari rooh ki*
*Duniya surat ke peechay, kaun samjhe rooh ki*

*Taqdeer unki jinke paas raqeeb hain*
*Chaand ke paas bhi faryaad ko raqeeb nahi*

*Duniya ko lage hum hasaasiat se bhare*
*Kya khabar, naqaab ke peechay zamana chhupa tha*

## 27

ہم پر سوال کرنے والے ہیں کئی
کیا جانیں وہ، ہم ہیں کیا چیز

مہارت تو حاصل کی ماہرین نے
روحانی چمک کی بات ہی الگ ہے

اگر ہم لکھتے ہیں، تو غم نہیں
پھر کیوں لکھنے والے لگتے ہیں اداس

سنیں کون یہ آہ و زاری روح کی
دنیا صورت کے پیچھے، کون سمجھے روح کی

تقدیر انھی کی جن کے پاس رقیب ہیں
چاند کے پاس بھی فریاد کو رقیب نہیں

دنیا کو لگے ہم حساسیت سے بھرے
کیا خبر، نقاب کے پیچھے زمانہ چھپا تھا

# 27

# Meaning

*Many people question us,*
*But do they really know who we are?*

*Experts have mastered their skills,*
*But the spiritual glow is something else entirely.*

*If we write, it doesn't mean we are sad,*
*So why do writers seem so sorrowful to the world?*

*Who will listen to the soul's cries?*
*The world is lost in appearances; who will understand the soul?*

*Fortune belongs to those who have rivals,*
*Even the moon has no rival to plead to.*

*The world sees us as filled with sensitivity,*
*Who knew that beneath the mask, the world was hiding?*

# 28

*Khair khwah kaun tha ye jaan lena*
*Bhool par pachtawa ho toh jaan lena*

*Hoga koi raqeeb ya koi anees*
*Magar mukhtalif ko tum pehchan lena*

*Hain kuch roohani musafir*
*Masoom chehron ke raaz jaan lena*

*Taqdeer ke hain kayi pehlu*
*Har mod ko pehle jaan lena*

*Raste se ho jana aashna*
*Par insaan ki zaat se na waqif lena*

*Likhte hain hum bhi be-shumaar*
*Magar likhte huye duniya ko na bhool lena*

# 28

خیر خواہ کون تھا یہ جان لینا
بھول پر پچھتاوا ہو تو جان لینا

ہوگا کوئی رقیب یا کوئی انیس
مگر مختلف کو تم پہچان لینا

ہیں کچھ روحانی مسافر
معصوم چہروں کے راز جان لینا

تقدیر کے ہیں کئی پہلو
ہر موڑ کو پہلے جان لینا

راستے سے ہو جانا آشنا
پر انسان کی ذات سے نہ واقف لینا

لکھتے ہیں ہم بھی بے شمار
مگر لکھتے ہوئے دنیا کو نہ بھول لینا

وقت کے قدموں کو پرکھ لینا
ہر خواب کے پیچھے حقیقت جان لینا

زخم جو نظر نہ آئے
ان کے درد کو دل سے جان لینا

# 28

# Meaning

*Find out who was truly concerned for you,*
*If you regret forgetting, then realize it.*

*There may be rivals or companions,*
*But recognize the different ones.*

*There are some spiritual travelers,*
*Discover the secrets behind innocent faces.*

*Fate has many facets,*
*Understand each turn beforehand.*

*Become familiar with the paths,*
*But don't remain unaware of human nature.*

*We too write extensively,*
*But don't forget the world while writing.*

*Gauge the steps of time,*
*Uncover the reality behind every dream.*

*For wounds not visible,*
*Feel the pain in your heart*

# 29

*Ban gaye khud hi se anjaan, hai jahan se hum kahan anjaan*
*Khud ko pehchana na, baqi har jahan se hum kahan anjaan*

*Kaun hum hain, koi jaane, rooh-e-nadaan se kyun sab anjaan*
*Hum se bhi ho na saka aashnaai, hain haqeeqat mein kahan anjaan*

*Har kisi ko nazar aate na, lagte hain be wajah anjaan*
*Kis se poochen, kis haal se hain hum, ho gaye khud se hi anjaan*

*Har baat par fikar sawar, khud se hum hue be gumaan*
*Karte hain ghor har shay par, khud ki khabar se hain anjaan*

*Apne dil ko samjhate, rooh ka farishta kehlate*
*Phir bhi kyun duniya humein samajhti, dil ka raaz ho anjaan*

*Thahraye jaate hain ghalat har pal, maana jaaye hum hi nadaan*
*Rooh ki kaifiyat dekhi, to ho gaye ghalat se bhi anjaan*

*Har shay ke khone ka darr, dil mein basa hua armaan*
*Phir bhi kyun hain sab kuch khone ke khauf se anjaan*

*Masoom dil ko kya khabar, kya hoga hashr ka maidan*
*Hashr ke din ka manzar dekha, aur hum khud hashr se anjaan*

*Har kochay ki aashnaai chahi, is kochay mein ho gaye pareshan*
*Khud ko dhoondhne nikle, phir bhi reh gaye khud se anjaan*

*Apni haqeeqat jaan na paye, duniya ki haqeeqat se kahan anjaan*
*Rooh ke asraar mein gum, ho gaye har raaz se anjaan*

*Khud se door ho kar, duniya ko apnate rahe hum*
*Duniya mein sab kuch mil gaya, par rahe khud se anjaan*

*Dil ki gahraiyon mein kho gaye, sachayi se mooh mod ke*
*Jo sach tha, usse hum rahe hamesha anjaan*

*Chand sitare sab dekhe, khushion se bhar gaye raaste*
*Dil ke andheron mein chhupi, ek roshni se rahe anjaan*

*Apni muskurahat mein chhupa liya, har dard ka paighaam*
*Chehre par muskan thi, par dil ke ghamon se rahe anjaan*

*Har dhoke ko sahte gaye, apni jaan se lagate rahe*
*Jo haqeeqat thi dosti ki, uss dosti se rahe anjaan*

# 29

بن گئے خود ہی سے انجان، بے جہاں سے ہم کہاں انجان
خود کو پہچانا نہ، باقی ہر جہاں سے ہم کہاں انجان

کون ہم ہیں، کوئی جانے، روحِ نادان سے کیوں سب انجان
ہم سے بھی ہو نہ سکا آشنائی، ہیں حقیقت میں کہاں انجان

ہر کسی کو نظر آتے نہ، لگتے ہیں بے وجہ انجان
کس سے پوچھیں، کس حال سے ہیں ہم، ہو گئے خود سے ہی انجان

ہر بات پر فکر سوار، خود سے ہم ہوئے بے گمان
کرتے ہیں غور ہر شے پر، خود کی خبر سے ہیں انجان

اپنے دل کو سمجھاتے، روح کا فرشتہ کہلاتے
پھر بھی کیوں دنیا ہمیں سمجھتی، دل کا راز ہو انجان

ٹھہرائے جاتے ہیں غلط ہر پل، مانا جانے ہم ہی نادان
روح کی کیفیت دیکھی، تو ہو گئے غلط سے بھی انجان

ہر شے کے کھونے کا ڈر، دل میں بسا ہوا ارمان
پھر بھی کیوں ہیں سب کچھ کھونے کے خوف سے انجان

معصوم دل کو کیا خبر، کیا ہوگا حشر کا میدان
حشر کے دن کا منظر دیکھا، اور ہم خود حشر سے انجان

ہر کوچے کی آشنائی چاہی، اس کوچے میں ہو گئے پریشان
خود کو ڈھونڈتے نکلے، پھر بھی رہ گئے خود سے انجان

اپنی حقیقت جان نہ پائے، دنیا کی حقیقت سے کہاں انجان
روح کے اسرار میں گم، ہو گئے ہر راز سے انجان

خود سے دور ہو کر، دنیا کو اپناتے رہے ہم
دنیا میں سب کچھ مل گیا، پر رہے خود سے انجان

دل کی گہرائیوں میں کھو گئے، سچائی سے منہ موڑ کے
جو سچ تھا، اُس سے ہم رہے ہمیشہ انجان

چاند ستارے سب دیکھے، خوشیوں سے بھر گئے راستے
دل کے اندھیروں میں چھپی، ایک روشنی سے رہے انجان

اپنی مسکراہٹ میں چھپا لیا، ہر درد کا پیغام
چہرے پر مسکان تھی، پر دل کے غموں سے رہے انجان

ہر دھوکے کو سہتے گئے، اپنی جان سے لگاتے رہے
جو حقیقت تھی دوستی کی، اُس دوستی سے رہے انجان

# 29

# Meaning

*We became strangers to ourselves, in this world where are we truly lost?*
*We never recognized ourselves, yet in every other realm, where are we truly lost?*

*Who are we, does anyone know? Why is everyone unfamiliar with our innocent soul?*
*Even we couldn't become acquainted with ourselves; in reality, where are we truly lost?*

*Invisible to everyone, we seem aimlessly adrift,*
*Who should we ask about our condition? We've become strangers even to ourselves.*

*Worry burdens every thought, we've lost our sense of self,*
*We ponder every detail, yet remain unaware of our own essence.*

*We console our hearts, believing ourselves to be pure spirits,*
*Yet why does the world see us as mysterious, with our heart's secrets hidden?*

*Blamed at every moment, accepted as fools,*

*But when we looked at our soul's state, we became unfamiliar even with what was wrong.*

*Fear of losing everything lingers, a desire deeply embedded in our hearts,*
*Yet why do we remain unaware of the fear of losing it all?*

*What does the innocent heart know of the Day of Judgment's fate?*
*When we envisioned that day, we became strangers even to its terror.*

*We sought familiarity in every corner, yet in this quest, we became perplexed,*
*Set out to find ourselves, but remained distant from our own self.*

*Couldn't comprehend our own reality, how can we grasp the world's truth?*
*Lost in the mysteries of the soul, we've become strangers to every secret.*

*Distanced from ourselves, we embraced the world,*
*Gained everything in this world, yet remained distant from our own self.*

*Drowned in the depths of our hearts, turning away from truth,*
*The truth that was, we remained forever strangers to it.*

*Witnessed the moon and stars, the paths filled with joy,*

*Yet in the darkness of our hearts, we remained strangers
to the light within.*

*Hid every message of pain behind our smile,*
*There was a smile on our face, but we remained unaware
of the sorrows within our heart.*

*Endured every betrayal, holding dear to our lives,*
*Yet the truth of friendship, we remained strangers even to
that.*

# 30

نہ بن سکے کبھی بھی ہم صحیح،
صحیح لفظ بھی فریاد کرے، کون تھا صحیح؟

پردے کے پیچھے کیا راز تھے،
بھلا کون جانے، کون تھا صحیح؟

اپنی حالت میں خوش تھے ہم،
ہنسی آتی تھی، پر اب کیوں نہ ہو صحیح؟

دوری کی رہنمائی سی تھی،
نہ جانے یہ آندھی آئی کیوں صحیح؟

کس راہ پر چھوٹ گئے ہم،
کبھی خود سے ملائے، تب جانیں صحیح؟

کمزور کے مانند نہ تھے کبھی،
فولاد تھے، پھر بھی کیوں ہوئے اتنے صحیح؟

نادان راہ پر، اگرچہ کوئی خطا نہ تھی،
پھر نادانوں سے سوال کیوں ہوئے صحیح؟

پرکھنے میں بھول ہو گئی تھی،
اب کوئی بتائے، ہم ہیں کون صحیح؟

# 30

*Na ban sake kabhi bhi hum sahih,*
*Sahih lafz bhi fariyaad kare, kon tha sahih?*

*Parday ke peechay kya raaz the,*
*Bhalla kon jaane, kon tha sahih?*

*Apni haal mein khush the hum,*
*Hansi aati thi, par ab kyun nahi sahih?*

*Doori ki rehnumai si thi,*
*Na jaane ye aandhi aayi kyun sahih?*

*Kis raah par chhoot gaye hum,*
*Koi humko khud se milaye, tab jaanen sahih?*

*Kamzor ke manind na the kabhi,*
*Foulad the, phir bhi kyun huye itne sahih?*

*Nadaan raah par, agarche koi khata na thi,*
*Phir nadaan se sawal kyun huye sahih?*

*Parakhne mein bhool ho gayi thi,*
*Ab koi jawab de, hum hain kaun sahih?*

# 30

*We could never truly be right,*
*Even the word "right" laments, asking who was truly right?*

*What secrets lay behind the veil,*
*Who can tell, who was truly right?*

*We were content in our own state,*
*Laughter came easily, but why is it not right now?*

*There seemed to be guidance in distance,*
*Yet why did this storm come, and why is it deemed right?*

*On which path did we stray,*
*If someone could make us meet ourselves, then we'd know what's right?*

*We were never weak,*
*Though we were like steel, why did we become so "right"?*

*On the path of ignorance, though no fault was ours,*
*Why then, were questions from the ignorant deemed right?*

*There was a mistake in our judgment,*
*Now, who can tell us who we truly are, and what is truly right?*

# 31

*Kya koi hum jaisa hasaas bhi hai?*
*Pehar badalte, badal jaayein bhi toh kya?*

*Ban na paaye behtareen hum kabhi,*
*Aswaal se rooh ka ho bura hashar toh kya?*

*Hum bhi kabhi dil-e-farishta rakhne waale the,*
*Bure iss qadr bane bhi toh kya?*

*Jhoothe na the hum kabhi,*
*Iss kaifiyat mein uljhe gaye bhi toh kya?*

*Hairat mein the, talaash mein apne,*
*Khud se agar mil na paaye toh kya?*

*Na paaya kabhi sukoon ka koi raasta,*
*Tanha reh kar bhi seh gaye toh kya?*

*Khwaahishein chup chaap dafnate rahe dil mein,*
*Khwab jalte rahe, bujh gaye toh kya?*

*Zindagi ne jo diya, humne wahi liya,*
*Gamon ke sehra mein behak gaye toh kya?*

*Adhoore khwabon ke peeche bhaagte rahe,*
*Haqeeqat ko agar apnaya bhi toh kya?*

*Na mila koi sach ka saccha jawab,*
*Agar khud se sawaal poochhe bhi toh kya?*

# 31

کیا کوئی ہم جیسا حساس بھی ہے؟
پھر بدلتے، بدل جائیں بھی تو کیا؟

بن نہ سکے کبھی بہترین ہم،
اسوال سے روح کا ہو برا حشر تو کیا؟

ہم بھی کبھی دلِ فرشتہ رکھنے والے تھے،
برے اس قدر بنے بھی تو کیا؟

جھوٹے نہ تھے ہم کبھی،
اس کیفیت میں الجھ گئے بھی تو کیا؟

حیرت میں تھے، تلاش میں اپنے،
خود سے اگر مل نہ پائے تو کیا؟

نہ پایا کبھی سکون کا کوئی راستہ،
تنہا رہ کر بھی سہہ گئے تو کیا؟

خواہشیں چپ چاپ دفناتے رہے دل میں،
خواب جلتے رہے، بجھ گئے تو کیا؟

زندگی نے جو دی، ہم نے وہی لیا،
غموں کے صحرا میں بھٹک گئے تو کیا؟

ادھورے خوابوں کے پیچھے بھاگتے رہے،
حقیقت کو اگر اپنایا بھی تو کیا؟

نہ ملا کوئی سچ کا سچا جواب،
اگر خود سے سوال پوچھے بھی تو کیا؟

# 31

# Meaning

*Is there anyone as sensitive as us?*
*If the seasons change, and we change with them, does it even matter?*

*We could never become the best,*
*If the soul faces ruin from unanswered questions, does it even matter?*

*We too once had the heart of an angel,*
*But if we became this wicked, does it even matter?*

*We were never dishonest,*
*But if we got entangled in this state of mind, does it even matter?*

*We were in awe, searching for ourselves,*
*If we couldn't find ourselves, does it even matter?*

*We never found a path to true peace,*
*If we endured solitude, does it even matter?*

*We buried our desires silently in our hearts,*

*If our dreams burned out and faded away, does it even matter?*

*We accepted whatever life gave us,*
*If we wandered in the deserts of sorrow, does it even matter?*

*We chased after incomplete dreams,*
*If we embraced reality, does it even matter?*
*We never found a true answer to the truth,*
*If we questioned ourselves, does it even matter?*

# 32

*The hum bhi aajiz kabhi,*
*Aaya koi dar par kya kabhi?*

*Yaad agarche na the woh waqt,*
*Phir bhula kar bhi bhoolay kyun na kabhi?*

*Ghalti hui na kisi shay par,*
*Phir sahi kyun na thehraye gaye kabhi?*

*Mod the kayi aur raaz bhi kayi,*
*Raazon ke bhi raaz nikle kya kabhi?*

*Fariyaad ban reh gaye har ek kahani mein,*
*Kya meri kahani suni koi kabhi?*

# 32

تھے ہم بھی عاجز کبھی،
آیا کوئی در پر کیا کبھی؟

یاد اگرچہ نہ تھے وہ وقت کبھی
پھر بھلا کر بھی بھولے کیوں نہ کبھی؟

غلطی ہوئی نہ کسی شے پر،
پھر صحیح کیوں نہ ٹھہرائے گئے کبھی؟

موڑ تھے کئی اور راز بھی کئی
رازوں کے بھی راز نکلے کیا کبھی؟

فریاد بن رہ گئی ہر ایک کہانی میں،
کیا میری کہانی سنی کوئی کبھی؟

# 32

# Meaning

*There was a time when we, too, were humble,*
*Did anyone ever come seeking at our door?*

*Even though those moments weren't remembered,*
*Why couldn't we forget them after trying so hard?*

*No mistake was made on anything,*
*So why were we never considered right?*

*There were many turns and many secrets,*
*But did the secrets of those secrets ever come to light?*

*Our pleas remained in every story,*
*But has anyone ever listened to my story?*

# 33

## باپ

میرے خواب تھے مگر تعبیر تم ہی نے دی
اپنے حصے کی خوشیوں کو میرے نام کیا

تم نے قدموں تلے اپنی ہر خواہش مٹائی
میرے لیے تھا جو سپنا، اُسے اپنا بنا لیا

ہر درد تم نے خاموشی سے خود میں سما لیا
میرے دکھوں کے آگے، اپنا دل ہار دیا

جو رات میں نے جاگی، تم ساری عمر جاگے
اپنی نیندوں کا چراغ میرے واسطے جلا دیا

لبوں پہ آئی کبھی شکایت، تم مسکرا دیے
غم میرے دل کا بوجھ اپنے دل میں چھپا لیا

دنیا کی ٹھوکریں کبھی مجھ تک نہ آنے دیں
راستے کے ہر پتھر کو اپنے ہاتھوں ہٹا دیا

میرے کندھوں پہ رکھا ہر بار اپنے سہارے کو
میں جیت بھی نہ سکتا، اگر تم نے نہ دعا کیا

اور جب بھی وقت کا ہجوم تھا تم نے روک دیا
میرے خوابوں کی تعبیر، تم نے خدا سے مانگ لیا

# 33

# Father

*My dreams were mine, but you gave them meaning*
*You gave me your share of happiness without any complaining*

*You buried every desire beneath your feet*
*What was my dream, you made it yours, complete*

*You embraced every pain in silence and grace*
*In front of my sorrows, you gave your heart a place*

*When I stayed awake, you spent your life awake for me*
*You lit the lamp of your sleep, only for me to see*

*You were my shadow, standing by my side every day*
*You kept the sun for yourself and gave me the comforting shade*

*Whenever I had a complaint, you smiled it away*
*You hid the burden of my heart in yours, come what may*

*You never let the world's hardships come near my way*
*You removed every stone from my path, day by day*

*You placed your hands on my shoulders, gave me support each time*
*I couldn't have won without your prayers sublime*

*And whenever time's crowd came rushing my way*
*You stood in the path and asked God to shape my dreams and pave the way*

# 33

# Baap

*Mere khwaab the magar taabeer tum hi ne di*
*Apne hisse ki khushiyon ko mere naam kiya*

*Tumne kadmon tale apni har khwahish mitaayi*
*Mere liye jo tha sapna, use apna bana liya*

*Har dard tumne khamoshi se khud mein sama liya*
*Mere dukhon ke aage, apna dil haar diya*

*Jo raat maine jaagi, tum saari umar jaage*
*Apni neendon ka chiraag mere waaste jala diya*

*Saaya bane rahe har pal mere wujood ke saath*
*Dhoop apne liye poori, mere sar par ghata kiya*

*Labon pe aayi kabhi shikayat, tum muskura diye*
*Gham mere dil ka bojh apne dil mein chhupa liya*

*Duniya ki thokarein kabhi mujh tak na aane di*
*Raaste ke har patthar ko apne haathon hata diya*

*Mere kandhon pe rakha har baar apne sahaare ko*
*Main jeet bhi na sakta, agar tumne na dua kiya*

*Aur jab bhi waqt ka hujoom tha, tumne rok diya*
*Mere khwabon ki taabeer, tumne Khuda se maang liya*

# 34

# Taskeen e rooh

*Khwabon ki duniya mein hum, haqeeqat se door hai*
*Allah ke saath hain, yeh jahan aajiz hai, yeh fareb-e-noor hai*

*Jo aajiz ko mustaqil samjhe, haqeeqat ko na jaan sake*
*Aakhirat ki haqeeqat ko, bas Allah hi jaan sake*

*Taskeen-e-Rooh paane ka rasta, Khuda par chhod do*
*Khuda ki taqdeer par bharosa, sab kuch sudhar jaayega, yeh wada hai*

*Dil farishta sifat, jo jaanta hai, koi nahi jaanta*
*Sab ne chhoda, Allah ke siwa, koi nahi saath paata*

*Urooj mein sab ki aankhein hairaan, dast-e-hali mein sab door*
*Khuda ke siwa koi nahi, yahi haqeeqat hai, yahi asool hai*

*Badi baaton par koi aitbaar nahi, khud par yaqeen hai sach*
*Insaan ki fitrat, tajjub ki aadat, har dil mein yeh naqsh hai*

*Saamne sab muskurate, peeth pe chaaku ki baat*
*Niyat khaalis ho, Allah par chhod do, sab kuch sahi hoga, yeh baat hai*

*Jab tum khud ko jaan lo, niyat ho khaalis, Allah par bharosa*
*Ek din kaamyaabi ki chamak, dil ko milega sukoon, yahi raasta hai*

*Log kya sochte hain, yeh ahem nahi, Allah ke samne achhe raho*
*Jo bhi ho, Allah ki raza mein rehna, yahi hai, yahi sach hai*

*Hum kuch nahi, mitti se bane, ek din mitti mein lautenge*
*Jo bhi ho, Alhamdulillah kaho, yahi hai, yahi haqeeqat hai*

# 34
# تسکینِ روح

خوابوں کی دنیا میں ہم، حقیقت سے دور ہے
اللہ کے ساتھ ہیں، جہاں عارضی، یہ فریبِ نور ہے

جو عارضی کو مستقل سمجھے، حقیقت کو نہ جان سکے
آخرت کی حقیقت کو، بس اللہ ہی جان سکے

تسکینِ روح پانے کا راستہ، خُدا پر چھوڑ دے
خُدا کی تقدیر پر بھروسا، سب کچھ سنور جائے، یہ وعدہ ہے

دل فرشتہ صفت، جو جانتا ہے، کوئی نہیں جانتا
سب نے چھوڑا، اللہ سوا، کوئی نہیں ساتھ پاتا

عروج میں سب کی آنکھیں حیران، پست حالی میں سب دور
خُدا کے سوا کوئی نہیں، یہی حقیقت ہے، یہی اصول ہے

بڑی باتوں پر کوئی اعتبار نہیں، خود پر یقین ہے سچ
انسان کی فطرت، تعجب کی عادت، ہر دل میں یہ نقش ہے

سامنے سب مسکراتے، پیٹھ پیچھے چاقو کی بات
نیت خالص ہو، اللہ پر چھوڑو، سب کچھ درست ہوگا، یہ بات ہے

جب تم خود کو جان لو، نیت ہو خالص، اللہ پر بھروسا
ایک دن کامیابی کی چمک، دل کو ملے گا سکون، یہی راستہ ہے

لوگ کیا سوچتے ہیں، یہ اہم نہیں، اللہ کے سامنے اچھے رہو
جو بھی ہو، اللہ کی رضا میں رہنا، یہی ہے، یہی سچ ہے

ہم کچھ نہیں، مٹی سے بنے، ایک دن مٹی میں لوٹیں گے
جو بھی ہو، الحمدللہ کہو، یہی ہے، یہی حقیقت ہے

# 34

# Tranquility of the Soul

*In the world of dreams we dwell, far from reality's core,*
*With Allah by our side, this world is fleeting, a mere illusion of light.*

*Those who perceive the transient as permanent, fail to grasp the truth,*
*The reality of the Hereafter is known only to Allah alone.*

*The path to soul's tranquility lies in leaving it all to God,*
*Trust in His decree, and everything will align as promised.*

*My heart is angelic, known to none but the divine,*
*Everyone leaves, except Allah, who remains constant through time.*

*In times of rise, all eyes are amazed; in times of fall, all are distant,*
*No one stands by except Allah; this is the truth, this is the principle.*

*No trust in grand promises, true belief lies within oneself,*
*Human nature is to be surprised, this is the imprint on every heart.*

*Outwardly, everyone smiles, but behind their backs lies betrayal,*

*Have pure intentions, leave it to Allah, and everything will set right.*

*When you know yourself, with pure intent, trust in Allah's plan,*

*One day, success's glow will bring peace to your heart; this is the path.*

*What people think of you is insignificant; remain good in Allah's sight,*

*No matter what happens, seeking Allah's pleasure is the truth, the ultimate reality.*

*We are nothing, made from dust, destined to return to dust,*

*Whatever the state, say Alhamdulillah, for this is the ultimate truth.*

*In the journey through life's paths, the quest for Taskeen-e-Rooh—tranquility of the soul—stands as a beacon of divine grace and profound wisdom. As you turn the final pages of this collection, may you find within these verses a map to inner peace and self-discovery.*

*Taskeen-e-Rooh is not merely a destination but a journey enriched by faith, self-reflection, and the support of Allah. This collection of poetry is crafted to guide you through the complexities of human emotion and spiritual struggle, offering insights drawn from divine inspiration.*

*To find Taskeen-e-Rooh is to embrace the essence of being at peace with oneself and one's Creator. It requires a conscious effort to align one's intentions with divine will, to trust in Allah's wisdom, and to seek solace in the certainty that He alone controls the course of our lives. This tranquility emerges from understanding that our existence is but a fleeting moment in the grand scheme of eternity, and that true peace is found in surrendering our worries and ambitions to the divine plan.*

*My poetry serves as a humble attempt to illuminate this path, offering reflections that resonate with the trials and triumphs of the human condition. Through the grace of Allah, these words aim to lead you to moments of introspection and clarity, encouraging you to look within and find that which anchors you in serenity.In the pages that follow, you will encounter expressions of vulnerability and resilience, crafted to help you navigate the challenges of life with a heart attuned to tranquility. My hope is that these poems inspire you to reflect on your own journey, to seek and embrace the divine peace that lies beyond the noise of worldly pursuits.*

*Ultimately, Taskeen-e-Rooh is a testament to the enduring power of faith and the transformative effect of surrendering oneself to Allah's will. As you read through these lines, remember that tranquility is not a distant ideal but a state of being accessible through sincere devotion and self-awareness.*

*I extend my heartfelt gratitude to Allah, whose grace has guided this endeavor and whose wisdom has shaped these reflections. May this book serve as a gentle reminder of the peace that awaits those who seek it with a humble heart.*

*As you close this book, may you find yourself enveloped in the tranquility of the soul, and may the journey towards Taskeen-e-Rooh lead you to a place of profound peace and divine fulfillment.*

Hello readers…. Here you can pen your own thoughts into words. Pen down your ideas and try to fill these blank pages into a mirror that reflects you, GOOD LUCK!

Create and write your own pen name here ....

www.ingramcontent.com/pod-product-compliance
Lightning Source LLC
LaVergne TN
LVHW041612070526
838199LV00052B/3115